HENRY JAMES

LA HUMILLACIÓN DE LOS NORTHMORE

Henry James

La humillación de los Northmore

La Pereza Ediciones

La humillación de los Northmore
Título original de la obra:
The Abasement of the Northmores, 1900
Henry James
(1843-1916)

© *Traducción a cargo de Carilda Sandoval*

De esta edición 2021, La Pereza Ediciones, USA
www.lapereza.net

Todos los derechos reservados.
Se prohíbe la reproducción parcial o total por cualquier modo,
sea mecánico, fotocopiado o electrónico, sin la respectiva
autorización de la editorial.

ISBN: 978-1-6237520-3-3

Diseño de los forros de la colección:
Estudio Sagahón / Leonel Sagahón
www.sagahon.com
Portada y Maquetación Julián Herrera

HENRY JAMES

LA HUMILLACIÓN DE LOS NORTHMORE

I

Cuando murió lord Northmore, las alusiones públicas al suceso adoptaron, en su mayor parte, una forma un tanto plúmbea y de compromiso. Había desaparecido una gran figura política. Se había apagado una luminaria de nuestro tiempo en mitad de su carrera. Se había anticipado el fin de una gran utilidad, que en buena parte quedaba, de todos modos, insignemente ejercida. La nota de grandeza, en toda la línea, sonaba, en suma, con fuerza propia, y la del fallecido evidentemente se prestaba muy bien a figuras y florituras, la poesía de la prensa diaria. Los periódicos y sus compradores cumplieron con lo que el caso pedía: lo compusieron con pulcritud y magnificencia, aunque quizá con mano un poco violentamente expeditiva, sobre el coche fúnebre, acompañaron debidamente al vehículo por la avenida y luego, viendo que de repente el tema se había agotado, pasaron a lo siguiente de la lista. Su señoría había sido una de esas personas de las que —ahí estaba la cosa— no hay casi nada que contar aparte de la flamante monotonía de su éxito. Ese éxito había sido su profesión, sus medios lo mismo que su fin; de modo que su carrera no admitía otra descripción y no exigía, ni de hecho toleraba, otro análisis. De la política, de la literatura, de la tierra, de unos modales zafios y muchos errores, de una mujer flaca y tonta, dos hijos manirrotos y cuatro hijas sosas, de todo había sacado el máximo provecho, como podría haberlo sacado prácticamente de lo que fuera. Algo había habido en lo más profundo de su ser que lo conseguía, y su viejo amigo Warren Hope, la persona que le conoció primero, y es probable que en conjunto mejor, no alcanzó nunca, en todo aquel tiempo, a averiguar por curiosidad qué. Era un secreto que, a decir verdad, este competidor claramente rezagado no había desvelado ni para su satisfacción intelectual ni para su uso imitativo; y había como un tributo a eso en su memoria de decir, la víspera de las honras fúnebres, dirigiéndose a su mujer y tras silenciosa reflexión: «Tengo que acompañarle, qué caramba. Tengo que ir al entierro.»

En un primer momento la señora Hope se limitó a mirar a su marido con muda preocupación. «No tengo paciencia contigo. Estás tú mucho más enfermo de lo que él haya estado nunca.»

—¡Bueno, pero mientras eso no signifique más que ir a los entierros de los demás...!

—Significa que me destrozas con esa caballerosidad exagerada, con ese negarte siempre a pensar en tu propio interés. Se lo has estado sacrificando desde hace treinta años, una y otra vez, y yo creo que de este último sacrificio —que puede ser el de tu vida—, estando como estás, se te podría absolver. —En efecto, perdió la paciencia—. ¿Ir al entierro..., con el tiempo que hace..., después de cómo se portó contigo?

—Cariño, lo de cómo se portó conmigo —repuso Hope— es un invento de tu ingeniosa mente..., de tu lealtad demasiado apasionada, de tu hermosa lealtad. Lealtad *a mí*, quiero decir.

—¡Por supuesto que la lealtad a *él* —declaró ella— te la dejo a ti!

—Lo cierto es que era mi amigo más antiguo, el primero. Tampoco estoy tan mal... salgo; y quiero portarme como es debido. El hecho es que no rompimos nunca... siempre estuvimos unidos.

—¡Y tanto! —rió ella en medio de su amargura—. ¡Bien se cuidó él de eso! Jamás reconoció tus méritos, pero jamás te dejó escapar. Tú le tenías aupado y él te tenía pisado a ti. Te sacó el jugo hasta la última gota, y luego fuiste el único que se quedó preguntándose, con tu increíble idealismo y tu incorregible modestia, cómo se las había arreglado un tonto así para subir. Subió porque tú le llevabas a cuestas. Tú, ingenuo, se lo preguntas a los demás: «¿En qué consistía su don?» Y los demás son tan imbéciles que tampoco tienen la menor idea. *¡Tú* eras su don!

—¡Y tú eres el mío, querida! —exclamó su marido estrechándola contra sí, más alegre y resignadamente.

Al día siguiente acudió en un «especial» a la inhumación, que tuvo lugar en la propia hacienda del gran hombre y en la propia iglesia del gran hombre. Pero acudió solo—es decir, acompañado por una asamblea numerosa y distinguida, la flor de la demostración gregaria unánime; su esposa no quiso ir con él, aunque le preocupaba que viajase. Pasó las horas intranquila, atenta al estado del tiempo y temiendo al frío; deambulaba de cuarto en cuarto, deteniéndose distraídamente junto a las plomizas ventanas, y antes de que él volviera había pensado en muchas cosas. Era como si, mientras él veía cómo sepultaban al gran hombre, ella también, a solas, en el hogar reducido de sus últimos años, se viera ante una fosa abierta. En ella depositó con sus débiles manos el penoso pasado y todos los sueños comunes muertos y las cenizas acumuladas de los dos. La pompa que rodeaba a la extinción de lord Northmore le hacía sentir más que nunca que no había sido Warren el que sacara provecho de nada. Había sido siempre lo que seguía siendo, el hombre más inteligente y más trabajador que conocía; pero, a sus cincuenta y siete años, ¿qué había «sacado», como decía el vulgo, fuera del talento malgastado, la salud arruinada y la pensión mezquina? Lo que ponía estas cosas ante los ojos era el término de comparación que le brindaba fácilmente el esplendor, ahora escorzado, del dichoso rival de su marido. Como dichosos rivales de su propia y monótona unión había visto siempre a los Northmore; por lo menos los dos hombres habían empezado juntos, al salir de la universidad, hombro con hombro y —hablando en términos superficiales— con un bagaje muy parecido de preparación, ambición y oportunidad. Habían empezado en el mismo punto y queriendo las mismas cosas —pero queriéndolas de maneras muy distintas. Bien, pues el muerto las había querido de la manera en que se conseguían; pero había conseguido además, con el título de nobleza por ejemplo, las que Warren no quiso nunca: no había más que decir. No había más y, sin embargo, en la sombría, la extrañamente aprensiva soledad de aquellas horas, dijo ella mucho más de lo que yo puedo contar. Todo venía a parar en esto: que de algún modo y en alguna parte había habido una injusticia. Warren era el que debía haber triunfado. Pero ahora era ella la única persona que lo sabía, porque la otra se había ido con su conocimiento a la tumba.

Se sentaba, vagaba, en la grisura expectante de su casita londinense, con un sentir avivado de los varios conocimientos extraños que habían florecido entre los tres. Warren siempre lo había sabido todo, y, con su suave fuerza —para nada tan grande como para la indiferencia—, nunca le importó. John Northmore lo había sabido, porque muchísimos años antes se lo había dicho; y por lo tanto tenía una razón más —aparte de la de no tenerla por tonta— para intuir lo que pudiera ser la opinión de ella. Lo revivió; lo volvió a vivir; lo tenía todo allí en la mano. John Northmore la conoció primero, y aún sobrevivía el grueso paquetito de sus cartas de amor como testigo de cuánto había deseado casarse con ella. Él le presentó a Warren Hope —por pura casualidad y porque, en la época en que compartían piso, no lo pudo evitar: era lo único que había hecho por ellos. Ahora, pensándolo, veía quizás hasta qué punto podía haber considerado Northmore con plena conciencia que eso le eximía de hacer más. Seis meses después ella aceptó a Warren, y precisamente por la misma razón cuya ausencia determinara el tratamiento que había dado a su amigo. Creyó que Warren tenía futuro. Estaba convencida de que desde ese momento John Northmore no había cejado nunca en su empeño de averiguar hasta qué punto se consideraba «engañada». Pero ella, gracias a Dios, nunca se lo había dejado ver.

Su marido volvió a casa resfriado, y ella le acostó inmediatamente. Durante una semana, cada vez que ella rondaba en torno al enfermo, sólo se dijeron cosas, cosas profundas, con la mirada; se pasó demasiado de prisa del punto en que hubiera sido soportable que ella le dijera: «¡Te lo avisé!»

No era ningún prodigio, ciertamente, que a su fallecido protector nunca le hubiera sido difícil aprovecharse de él. Pero, al fin y a la postre, sí era un tanto excesivo que le sacase hasta la vida. A eso se había llegado —ella tuvo la certeza desde el primer momento. Aquella noche apareció la congestión pulmonar, y al día siguiente, repugnantemente, se vio frente a una neumonía. Era más de lo que— sumado a todo lo anterior —podían resistir. Diez días después Warren Hope sucumbió. Tiernamente, divinamente la había amado; pero ella sintió su rendición, a través de toda la angustia, como una parte inexpresable de aquella indiferencia sublime en que al final había florecido la desafortunada historia de su marido. «¡Su suave fuerza, su suave fuerza!»: su pasión no había encontrado nunca tanto alivio en aquella expresión sencilla y secreta con que le retrataba. Era tan orgulloso, tan fino y tan flexible que para él fracasar un poco había sido tan malo como fracasar mucho; por eso había abierto las compuertas de par en par— había tirado, como decía el refrán, la soga tras el caldero. Había hecho un entretenimiento de ver cuánto podía arrancarle el mundo devorador. Y el mundo se lo había arrancado todo.

II

Pero fue después de perderle cuando vio que su nombre estaba escrito en agua. ¿Qué había dejado detrás? Sólo a ella y su gris desolación, su piedad solitaria y su rebelión dolorida e incesante. Cuando un hombre se moría, a veces la muerte hacía por él lo que no hiciera la vida; al poco tiempo había gentes, de un lado o de otro, que le descubrían y le nombraban, que le reclamaban para su bando, que le unían a su bandera.

Pero el conocimiento de haber perdido a Warren Hope no pareció aguzar en lo más mínimo el ingenio del mundo; la lanzada más hiriente para su viuda estuvo precisamente en la trivialidad con que se habló de su renombre. No faltaron cartas, si de eso se trataba, porque obviamente su persona había cosechado muchas simpatías; los periódicos le citaron con cierta abundancia y perfecta estupidez; las tres o cuatro sociedades a las que perteneciera, «eruditas» o no, aprobaron resoluciones de pésame y condolencia, y los tres o cuatro colegas sobre los cuales había sido más divertido oírle hablar farfullaron elogios; pero, realmente, casi cualquier otra cosa habría sido mejor para ella que el general consenso de haber cumplido con la ocasión. Dos o tres pomposos badulaques de los «círculos administrativos» le escribieron diciendo que sin duda estaría confortada por la unanimidad del pesar, dando a entender claramente que sería el colmo del absurdo no estarlo.

Lo que ella sentía entretanto era que habría soportado pasablemente el que nadie dijera nada; lo que no podía soportar era aquel tratamiento de celebridad de segunda. En economía, en la más alta política, en filosofía de la historia, o era un genio insigne inapreciado o no era nada. No era, en cualquier caso —¡eso nunca!—, una «figura destacada». Las aguas, de todos modos, se cerraron sobre él como sobre lord Northmore; que fue precisamente, con el paso del tiempo, lo que encontró más duro de aceptar. Aquel personaje, a la semana de muerto, sin una hora de prórroga, limpio el lugar de sus vestigios como el local prestado para una función benéfica se limpia de las mesas y tenderetes de un bazar de tres días, aquel personaje se había ido derecho al fondo, tirado como una circular arrugada al cesto de los papeles. ¿Dónde estaba entonces la diferencia..., si el fin *era* el fin para todos por igual? Para Warren debería haber sido propiamente el principio.

Durante los seis primeros meses se estuvo preguntando qué podía hacer ella, y durante mucho de ese tiempo tuvo la sensación de estar siguiendo un río veloz que arrastraba hacia el mar un objeto querido. Todo su instinto la empujaba a ir con él, a no perderlo de vista, a correr por la orilla y llegar antes que él a algún punto donde pudiera extender los brazos y asirlo y salvarlo. Pero el objeto seguía navegando; ella lo tenía a la vista, porque el río era largo, pero ningún amable promontorio se ofrecía al rescate. Ella corría, vigilaba, vivía con su gran miedo; y por momentos, al acortarse la distancia al mar, la corriente crecía visiblemente. Para hacer lo que fuera en la última ocasión había que darse prisa. Se internó en sus papeles, registró sus cajones; algo de ese género, cuando menos, podía hacer. Pero había dificultades, el caso era especial; se perdió en el laberinto y vio puesta a prueba su capacidad; dos o tres amigos a cuyo juicio apeló se mostraron tibios, fríos incluso, y los editores, cuando les sondeó —más que ninguno, precisamente, la casa que había dado al mundo sus tres o cuatro volúmenes importantes—, no manifestaron ningún entusiasmo por una compilación de restos literarios. Sólo entonces comprendió plenamente lo poquísimo que habían «pegado» los tres o cuatro volúmenes importantes. Él se lo había ocultado con éxito, como le había ocultado otras cosas que hubieran podido ocasionarle dolor: manejar sus notas y sus memorandos era encontrarse a cada paso, entre las arenas de su duelo, con las huellas de un motivo noble. Pero al cabo hubo de aceptar la verdad de que era únicamente por ella misma, por su propio consuelo, por lo que tenía que seguirle. Al trabajo de Warren, falto de estímulos e interrumpido, le faltaba una forma definitiva: no habría habido nada que ofrecer más que fragmentos de fragmentos. Sintió, de todos modos, al reconocerlo, que le abandonaba: en aquella hora murió para ella por segunda vez.

Esa hora, además, casualmente coincidió con otra, de modo que las dos mezclaron sus amarguras. Recibió de lady Northmore unas líneas anunciando un deseo de recopilar y publicar las cartas de su difunta señoría, tan numerosas y tan interesantes, e invitando a la señora Hope, como depositaria más que probable, a tener la bondad de enriquecer el proyecto con las dirigidas a su marido. Esto le dio varios sobresaltos en uno. Entonces, ¿la larga comedia de la grandeza de su difunta señoría no había terminado? ¿A él se le iba a erigir el monumento que ella ya se había resignado a considerar imposible para su derrotado amigo? ¿Todo tenía que volver a empezar, las comparaciones, los contrastes, las conclusiones tan descaradamente a su favor...; el montaje hábilmente compuesto para ponerle a él a la luz y tener a todo el resto del mundo en la sombra? ¿Cartas...? ¿Había escrito John Northmore tres líneas que a esas alturas pudieran tener el más mínimo interés? ¿De quién era la absurda idea de semejante publicación, y qué engañado patrocinio editorial se podría haber agenciado la familia? Ella no estaba al tanto, por supuesto, pero le sorprendería que hubiese material. Entonces se le ocurrió, pensando, que por supuesto habría habido cola de compiladores y editores —la estrella de John Northmore seguiría imperando. ¿Por qué no iba a sacar provecho de sus cartas en la muerte lo mismo que en la vida? Fueran como fuesen, se lo *había* sacado. Tendrían un éxito clamoroso.

Volvió a pensar en las ricas y desordenadas reliquias de su marido —en los bloques de mármol desgajados que ya no podían sino yacer donde habían caído; tras de lo cual, con uno de sus hondos y frecuentes suspiros, retomó la comunicación de lady Northmore.

Las cartas de John Northmore a Warren, conservadas o no, ni se le habían pasado por la cabeza. Las que le había escrito a ella estaban bien guardadas —sabía dónde poner la mano para encontrarlas; pero ésas su corresponsal se había abstenido cuidadosamente de pedirlas, y probablemente ni conocía su existencia. Pertenecían, además, a aquella fase de la carrera del gran hombre que era netamente— sólo eso se la podía llamar —anterior: anterior a la grandeza, al tema propio del volumen, anterior sobre todo a lady Northmore. El grueso paquete descolorido seguía agazapado donde venía estándolo desde hacía años; pero en el día de hoy no habría sabido decir por qué lo había conservado, como no habría sabido decir por qué no le había dicho nunca a Warren— aunque él estaba enterado del temprano episodio —que lo conservaba.

Esta última reserva mantenida ciertamente la absolvía de decírselo a lady Northmore, quien seguramente sabría también del episodio. Lo raro del asunto era, en cualquier caso, que el retener aquellos documentos no había sido accidental. Lo había hecho en obediencia a un oscuro instinto o un vago cálculo. ¿Cálculo de qué? No habría sabido explicarlo: había operado, en un rincón de la consciencia, simplemente como un sentir de que, no destruida, la coleccioncita completa era una seguridad. Pero ¿para quién, justo cielo? A lo mejor todavía lo averiguaba; aunque nada, confiaba, podía ocurrir que le exigiese tocar aquellas cosas o releerlas. No las habría tocado ni releído por todo el oro del mundo.

De todos modos, no había revisado aún aquellos receptáculos donde se habrían acumulado las cartas que Warren conservara; y tenía sus dudas de que contuvieran ninguna de lord Northmore. ¿Por qué iba a haberlas guardado? Hasta ella misma había tenido más motivos. ¿Se habría juzgado bueno el estilo epistolar maduro de su señoría, o de ese género que, por una u otra razón, prohíbe el recurso al cesto de los papeles o a las ascuas encendidas? Warren había vivido bajo un diluvio de documentos, pero acaso en éstos hubiera podido ver aportaciones a la historia contemporánea.

Fuera como fuese, lo cierto era que no habría guardado muchos. Empezó a buscar en armarios, cajas, cajones todavía no visitados, y se llevó sus sorpresas tanto por lo que su marido había guardado como por lo que no. Cada palabra procedente de ella estaba allí —cada nota que le había mandado en ocasionales ausencias. Bien, casaba felizmente con que ella supiera dónde encontrar exactamente cada una de las que, en tales ocasiones, había recibido a su vez.

La correspondencia de los dos, al menos, estaba completa. Pero en definitiva también lo estaba, por una de las partes, según se fue manifestando gradualmente, la de lord Northmore. Era evidente que su marido no había sacrificado la sobreabundancia de aquellas misivas a ninguna conveniencia pasajera; se le fue haciendo cada vez más meridiano que había conservado hasta el último papel; y ante sí misma no pudo negar que sentía —apenas sabía por qué— su poquito de decepción. No le había faltado la esperanza, aunque fuera vaga, de verse informando a lady Northmore de que, con gran pesadumbre por su parte y tras una batida general, no encontraba nada de nada.

El hecho, por desgracia, fue que lo encontró todo. Fue concienzuda, rebuscó hasta el fondo, y para entonces una de las mesas se tambaleaba literalmente bajo los frutos de su búsqueda. Todo indicaba, además, que las cartas habían sido guardadas con cuidado y más o menos clasificadas: podía entregárselas a la familia en perfecto orden. Por última vez comprobó que no se le había escapado nada, y hecho esto, fatigada y claramente irritada, se dispuso a contestar en un sentido tan diferente de la contestación que, como podría decirse, había planeado.

Frente a frente con su misiva, sin embargo, descubrió que no tenía fuerzas para escribirla; y, por no estar más tiempo a solas con el montón de la mesa, al rato se marchó de la habitación. A última hora de la noche, justo antes de irse a la cama, regresó casi como esperanzada de que desde la tarde se pudiera haber producido alguna grata intervención en ayuda de su repugnancia. ¿No podría haber ocurrido por arte de magia que su hallazgo fuera un error...? ¿Que las cartas no estuvieran, o que al final fueran de otra persona? Estaban, ay, y al alzar en la penumbra la vela encendida el montón de la mesa se escuadró con insolencia. Ante esto, pobre señora, tuvo durante una hora su tentación.

Era oscura, era absurda; lo único que de ella se podía decir era que en aquellos momentos era extrema. Se veía, mientras daba vueltas en torno a la mesa, escribiendo con perfecta impunidad: «Estimada lady Northmore, he buscado por todas partes y no he podido encontrar nada, es evidente que mi marido lo destruyó todo antes de morir, créame que lo siento: habría tenido sumo gusto en ayudarla. Suya afectísima.»

No había más que hacer sino a la mañana siguiente aniquilar privada y resueltamente el montón, y esas palabras quedarían como una explicación del asunto que nadie estaría en situación de rebatir. ¿Qué ganaría con hacerlo, si era eso lo que había que preguntarse? Ganaría que el pobre Warren pareciera haber sido un poquito menos utilizado y engañado. Eso, en su estado de ánimo, la reconfortaría. Pues bien, la tentación era real; pero también, sintió al cabo de un rato, eran reales otras cosas. A medianoche se sentó a escribir la nota. «Estimada lady Northmore, me complace comunicarle que he encontrado muchas cartas; mi marido parece haber puesto gran cuidado en conservarlo todo. Tengo a su disposición un buen paquete, si pudiera usted enviar a alguien a buscarlo. Es para mí una alegría poder contribuir a su tarea. Suya afectísima.» Salió a la calle como estaba y echó la carta en el buzón más cercano. A mediodía del día siguiente la mesa, para su alivio, quedó vacía. Su señoría había mandado a un servidor de confianza —su mayordomo— con un coche de punto y una caja grande de laca.

III

Después de esto, durante doce meses, hubo frecuentes anuncios y alusiones. De todas partes le llegaban, y hubo horas en las que el aire, para su imaginación, casi no contenía otra cosa. En una primera fase, inmediatamente después de aquella comunicación que le dirigiera lady Northmore, había habido un llamamiento oficial, una circular *urbi et orbi*, reproducida, aplaudida, comentada en todos los periódicos, requiriendo de cuantos poseían cartas que las remitieran sin tardanza a la familia. La familia, dicho sea en justicia, recompensaba el sacrificio con generosidad —en la medida en que fuera recompensa tener al mundo informado de los rápidos progresos de la obra. El material resultaba más copioso de lo que se hubiera podido pensar. El interés de los inminentes volúmenes se había dado naturalmente por seguro, pero quienes habían sido favorecidos con un atisbo de su contenido se sentían ya autorizados a prometerle al público un festín sin precedentes. Ciertos aspectos del pensamiento del autor y de su carrera recibirían luces hasta entonces insospechadas. Lady Northmore, profundamente reconocida por los favores recibidos, se permitía renovar su petición; no obstante la halagüeña respuesta ya obtenida, se creía posible seguir buscando un residuo de tesoro escondido, sobre todo en relación con varias fechas que ahora se especificaban.

La señora Hope veía, no podía por menos de reconocerlo, cada día a menos gente; pero su círculo no era aún tan cerrado que no oyera pregonar que a Fulano y Zutano «les habían pedido». La conversación del mundo londinense le pareció durante un tiempo casi reducida a ese género de preguntas y respuestas. «¿A ti te han pedido?» «Sí, ya lo creo; hace meses. ¿Y a ti?» Lo más notable, ya que a la ciudad entera se le pedía que contribuyese, parecía estar en que a la petición hubiera acompañado en cada caso la capacidad de responder. Bastó con tocar el resorte para que millones de cartas salieran volando. La señora Hope cavilaba que a esa marcha no darían de sí diez volúmenes para agotar el suministro. Cavilaba mucho, no hacía más que cavilar; y, por extraño que esto pueda parecer a primera vista, uno de los resultados finales de sus cavilaciones fue el crecimiento de un germen de duda. Había que dar como posible, a la vista de tal unanimidad, que hubiera sido víctima de una estúpida equivocación. El prestigio del gran desaparecido era, pues, seguro y sólido para el sentir general. No había estado la falta en él, inmortal, sino únicamente en ella, necia y todavía abrumada por la falibilidad del Ser. De modo que él había sido un gigante, y las cartas serían la demostración triunfal. Ella sólo había mirado los sobres de las que entregara, pero estaba preparada para cualquier cosa. Estaba el hecho, al que no se podían cerrar los ojos, del propio y marcado testimonio de Warren. La actitud de los demás no era sino su actitud; y suspiró al hallarle en este caso, por única vez en su vida, del lado de la vocinglera multitud.

Era perfectamente consciente de haberse dejado ganar por la obsesión, pero cuando la publicación de lady Northmore se perfiló de veras en el horizonte —corría el mes de enero, y ya se anunciaba sin lugar a dudas para marzo— su pulso se aceleró de tal manera que pasaba despierta la mayor parte de las largas noches. Fue en una de esas vigilias cuando de pronto, en la fría oscuridad, sintió el roce de casi el primer pensamiento que en muchos meses no le daba dolor; el efecto fue hacerla saltar de la cama con un nuevo contento. Su impaciencia creció al máximo en aquel mismo instante —a duras penas pudo esperar al día para ponerse en acción. La idea no era ni más ni menos que reunir inmediatamente y dar a la luz las cartas de *su* héroe. Ella publicaría las cartas de su marido, ¡loado fuera Dios!, y no desperdició ni un minuto en preguntarse a qué había estado esperando. *Había* esperado demasiado; pero quizá fuese natural que, para unos ojos sellados por las lágrimas y un corazón oprimido por la injusticia, no hubiera habido una visión instantánea de dónde estaba su remedio. Ya se lo representaba como su remedio —aunque seguramente le habría resultado difícil ponerle nombre en público a su agravio. Era un agravio para sentirlo, pero no, de fijo, para hablar de él. Y hete aquí que, al instante, el bálsamo había empezado a actuar: porque muy pronto se igualarían los lados de la balanza. Pasó todo aquel día releyendo las viejas cartas que tenía de él, demasiado íntimas y demasiado sagradas— ¡felizmente! —para entrar en el proyecto, pero que de todos modos le ponían viento en las velas y añadían grandeza a su presunción. Por supuesto que ella, porque en todos sus años de casados la separación no fue nunca frecuente, ni nunca prolongada, había conocido mucho menos que otros a su marido como corresponsal; aun así aquellas reliquias constituían una posesión— le sorprendió su número —y testificaban enormemente de su don inimitable.

Él sí era un escritor de cartas donde los hubiera —natural, ingenioso, variado, robusto, que abarcaba toda la escala con la mano más ligera y más suelta. Su suave fuerza— su suave fuerza: todo lo que le evocaba la evocaba. Las más numerosas eran, por descontado, las primeras y la serie de su noviazgo, testigos de la larga prueba, ricas e ininterrumpidas; tan cargadas, en efecto, y tan maravillosas que era casi un dolor tener que plegarse a la común medida de la modestia conyugal. Estaba la discreción, estaba la costumbre, estaba el buen gusto; pero ganas le daban de saltárselos. Si muchas eran páginas demasiado íntimas para publicarlas, casi todas las demás eran demasiado valiosas para ocultarlas. ¡Quizá después de su muerte...! No sólo la reanimó, el dichoso pensamiento de la liberación simultánea de ella y de su tesoro, haciéndole prometerse disponer las cosas de inmediato: más que eso, reforzó la impaciencia con que esperaba el término de su mortalidad, que dejaría libre el campo para la justicia que invocaba. Su gran recurso, sin embargo, claramente, serían los amigos, los colegas, los admiradores particulares con quienes él se había escrito durante años, a quienes ella le había visto escribir, y muchas de cuyas cartas, nada extraordinarias, había encontrado en sus recientes ordenaciones y clasificaciones. Hizo una lista de aquellas personas y les escribió inmediatamente, o, en los casos en que ya habían fallecido, escribió a sus viudas, a sus hijos, a sus representantes; recordándose en aquel quehacer sin desagrado, de hecho de una manera estimulante, a la mismísima lady Northmore. Había pensado que la mismísima lady Northmore se mostraba, sin saber por qué, muy segura; pero esa idea, curiosamente, no se le ocurrió en la relación con la señora Hope. Precisamente por su señoría empezó, abordándola en los mismos exactos términos de la solicitud de la aristocrática viuda, que recordaba palabra por palabra.

Luego esperó, pero por ese lado no tuvo que esperar mucho. «Estimada señora Hope, he buscado por todas partes y no he podido encontrar nada. Es evidente que mi marido lo destruyó todo antes de morir.

Créame que lo siento: habría tenido sumo gusto en ayudarla. Suya afectísima.» Eso fue todo lo que escribió lady Northmore, sin la elegancia de una alusión a la ayuda que ella recibiera; aunque incluso en el primer sofoco de estupor y amargura nuestra amiga advirtiera la extraña identidad de forma entre aquella nota y otra que no llegó a escribirse. Se le respondía como ella, en el mismo caso y en su única hora de maldad, había soñado responder. Pero la respuesta no acababa ahí —aún tenía que ir llegando, día tras día, de todas las otras fuentes a las que había alcanzado su pregunta. Y día tras día, mientras el estupor y la amargura iban en aumento, consistía sencillamente en tres líneas de pesadumbre. Todos habían buscado, y todos en vano. Todos habrían tenido sumo gusto, pero todos se veían reducidos, igual que lady Northmore, a sentirlo mucho. Nadie encontraba nada, y nada, había que deducir en consecuencia, se había conservado. Algunos de los informantes fueron más puntuales que otros, pero todos acabaron contestando, y el asunto se prolongó durante un mes, al término del cual la pobre mujer, hundida, traspasada hasta el fondo del alma, aceptó a la fuerza su situación y volvió el rostro a la pared. En esa posición, valga decirlo, estuvo días y días, sin atender a nada, sólo sintiendo y cuidando su herida. Era una herida tanto más cruel por haberla hallado tan desprevenida. Desde el momento en que brilló a sus ojos su remedio no había conocido una hora de duda, y lo hermoso había estado en lo fácil que era. La extrañeza del desenlace fue aún mayor que el dolor. Verdaderamente era un mundo de risa, el mundo en el que las cartas de John Northmore se clasificaban y etiquetaban para la posteridad y las de Warren Hope les servían a las criadas para encender el fuego. Todo sentido, toda medida de nada, no servía más que para quedarse—quedarse indiferente y mudo. No había nada que hacer —la función iba al revés. John Northmore era inmortal y Warren Hope era maldito para siempre. En cuanto a ella, pues, ella estaba acabada. La habían derrotado. Recostada así, inmóvil, arropada, pasó un tiempo del cual, como digo, no llevó cuenta; hasta que al fin le llegó un estrépito que le hizo volver la velada cabeza. Era el ruido de la aparición de los volúmenes de lady Northmore.

IV

Llenó el aire, en efecto, y todos los periódicos del día la daban a voz en grito. Se ofrecía al lector en el umbral y en las páginas de dentro, tema en todas partes de editorial y reseña. Las reseñas, además, como vio de una ojeada, desbordaban citas; bastaba asomarse a un par de diarios para hacerse una idea justa del entusiasmo reinante. La señora Hope miró los dos o tres que, como confirmación del único que solía recibir, mandó comprar mientras desayunaba; pero su atención no fue capaz de adentrarse más: descubrió que no podía afrontar el contraste entre el orgullo de los Northmore en semejante mañana y su propia humillación. Los periódicos lo proclamaban demasiado a lo vivo; los apartó de sí, y para librarse de ellos, para no sentir su presencia, salió de casa pronto. Halló pretextos para estar en la calle; había una copa que le estaba ordenado vaciar, pero podía aplazar la hora de la prueba. Llenó el tiempo como pudo; compró cosas, en las tiendas, que no le hacían falta, y visitó a amigos que no le hacían gracia. Casi todos se encontraban a la sazón en esa categoría, y para ir de visita tenía que escoger las casas inocentes, como acaso las hubiera calificado, de la sangre de su marido. No podía dirigir la palabra a la gentes que habían respondido en tan horribles términos a su reciente circular; por otra parte, las que no la habían recibido serían las que estuviesen estólidamente desapercibidas de la publicación de lady Northmore, y sólo por tortuosos medios se podría haber conseguido de ellas una migaja de solidaridad. Lo mismo que había almorzado en una repostería tomó el té fuera, y ya había caído el crepúsculo de marzo cuando volvió a su casa. Lo primero que vio entonces, sobre la mesa del recibidor iluminado, fue un paquete grande y bien hecho; y por ello supo antes de acercarse que lady Northmore le había enviado el libro. Había llegado, le dijeron, a poco de marcharse ella; de no haberlo hecho, pues, se podría haber pasado el día con él. Comprendió entonces plenamente su pronto instinto de huir. La huida habría sido una ayuda, sí, y el contacto con la gran vida general e indiferente. Pero al cabo había que dar la cara a la realidad.

Se la dio, después de cenar, en el saloncito cerrado, desempaquetando los dos volúmenes. —*Correspondencia Pública y Privada de Su Ilustrísima Etc. Etc.*— y mirando bien lo primero, el gran escudo que campeaba en las tapas color púrpura y los varios retratos que había en el interior, tan abundantes que allí donde se abriese se tropezaba con uno. Nunca se le había ocurrido pensar que lord Northmore se pasara la vida posando, pero allí estaba representado en todas las fases y todos los estilos, y aún se enriquecía la galería con las vistas de sus sucesivas residencias, cada una un poco más grandiosa que la anterior. Ella siempre, en general, había observado que en los retratos, fueran de gente conocida u oscura, los ojos parecían buscar y encontrar los suyos; pero en todas partes John Northmore miraba más allá, talmente como si estuviera en la misma habitación y no fuera consciente de conocerla. El efecto de esto fue tan fuerte, curiosamente, que a los diez minutos la señora Hope sintió que se sumergía en el texto como lo habría hecho una extraña que vulgar y accidentalmente le debiera el favor a alguna biblioteca. Le había dado miedo zambullirse, pero desde el momento en que se metió estuvo —dicho sea en perfecta justicia para con todos— totalmente prendida. Allí, hasta altas horas, hizo tantas reflexiones y descubrimientos que —como única manera de formularlo— pasó del asombro a la estupefacción. Su propia serie ofrecida figuraba prácticamente entera; había contado las cartas de Warren antes de enviarlas, y ahora observó que faltaban apenas una docena —circunstancia que explicaba el fino detalle de lady Northmore. Fue a esas páginas a donde se dirigió primero, y fue ante ellas donde despuntó su satisfacción. Que, en verdad, tomó al principio una forma particular— la forma de un asombro agudizado ante la innatural piedad de Warren. Su sorpresa original había sido fuerte —cuando intentó dar por hecho que habría razones; pero su sorpresa original no era nada frente a su pasmo actual. Las cartas de Warren habían sido virtualmente, juzgó, para la familia, el naipe mayor; pero si el naipe mayor no era más que eso, ¿qué habría que pensar del resto de la baraja?

Siguió mirando al azar y con una sensación de fiebre creciente; tembló, casi sin aliento, por no estar segura demasiado pronto; pero dondequiera que mirase veía dilatarse el prodigio. Las cartas a Warren eran un abismo de inanidad; las demás hacían lo posible por no desentonar; de modo que el libro era un inmenso yermo, la publicación un tema de regocijo. De tal manera se perdió en visiones animantes a medida que crecía su percepción de la escala del error, que hacia las once, cuando la doncella abrió la puerta, dio casi el respingo de la culpabilidad sorprendida. La muchacha, que ya se retiraba a descansar, venía sólo a decirlo, y su señora, supremamente despierta y con la memoria reavivada, apeló a ella, tras una mirada en blanco, con intensidad. «¿Qué ha hecho usted con los periódicos?»

—¿Qué periódicos, señora?

—Los de esta mañana..., ¡no me diga que los ha tirado! Dese prisa, tráigamelos.

La joven, por rara casualidad, no había tirado los impresos públicos; en seguida reapareció con ellos muy bien doblados; y la señora Hope, despachándola con bendiciones, supo por fin en pocos minutos cómo estaban las cosas. Vio su impresión portentosamente reflejada en las largas columnas grises. No era, pues, la ilusión de sus celos —era el triunfo, no esperado, de su justicia.

Los críticos mantenían un decoro, pero francamente, puestos a fijarse, su estupefacción no era menor que la de ella. Aquello que por la mañana había tomado por entusiasmo resultaba ser mera atención mecánica, que, no prevenida de antemano, buscaba una salida para el asombro. La cuestión estaba, si se quiere, planteada con delicadeza, pero aun así planteada en todos lados: «¿Qué *podía* haber inducido a la familia de lord Northmore a tomarle por un maestro del género epistolar?» Pomposo y ponderoso y al mismo tiempo inconexo y oscuro, se las arreglaba, con un arte muy personal, para ser a la vez deslavazado y envarado. ¿Quién, en un caso así, había sido el principal responsable, y qué consejo extrañamente tardío había extraviado de manera tan deplorable a un grupo de personas a su vez carentes de seso? Con menos cómplices en la preparación casi se habría podido deducir que hubieran sido víctimas de un timo premeditado, de una trampa refinada.

Fuera como fuese, habían cometido un error del que lo más piadoso que se podía decir era que, como fundado en la lealtad, resultaba conmovedor. Estas cosas, dentro de la acogida dispensada, acaso no estuvieran en titulares, pero despuntaban entre líneas y al día siguiente habrían saltado a primer plano. Las largas citas aducidas eran citas marcadas con un ¿por qué? «¿Por qué— en otras palabras, según interpretaba la señora Hope —arrastrar a la luz semejante incapacidad de expresión? ¿Por qué dar el texto de su falta de inteligencia y las pruebas de su fatuidad?» La víctima del error había sido ciertamente, a su manera y en su día, una persona útil y sobresaliente, pero casi cualquier otra demostración de ese hecho hubiera sido menos desafortunada. La señora Hope vio patente, mientras de madrugada recorría con sus pasos la habitación, que la rueda había dado la vuelta completa. El monumento que la había ensombrecido estaba en pie, pero en menos de una semana sería la ocasión de todo humorista, el hazmerreír del Londres inteligente.

La extraña participación que en el mismo había tenido su marido siguió aquella noche, entre sueños y vigilias, desconcertándola, pero se hizo la luz con su último despertar, que fue gratamente tardío. Abrió los ojos a esa luz, y, al recibirla derechamente, la saludó con la primera carcajada que en mucho tiempo pasaba por sus labios. ¿Cómo había sido todo lo idiota que había que ser para no adivinarlo? ¡Warren, desempeñando insidiosamente el papel de guardián, había hecho lo que hizo a propósito! Había actuado con un fin largamente paladeado de antemano, y el fin —el pleno saboreo— estaba ahí.

V

Fue después, de todos modos —después de que los restantes órganos de la crítica, incluidos los salones de los clubs, los pasillos de la Cámara y las sobremesas de todas las cenas, materializaran debidamente sus reservas, y dieran suelta a su irreverencia, y de que los dos desdichados volúmenes fueran a ocupar su puesto, sin apelación, entre las novedades insuficientemente curiosas y prematuramente viejas—, fue una vez que hubo pasado todo esto cuando sintió realmente cuán hermosa habría sido ahora su propia oportunidad y cuán dulce su venganza. El éxito de *sus* volúmenes, de cuya inevitabilidad nadie había tenido atisbos, habría sido tan grande como el fracaso de los de lady Northmore, de cuya inevitabilidad todo el mundo los había tenido. Releyó una y otra vez sus cartas, y se volvió a preguntar si la confianza que había conservado *aquellas* no podría, en semejante crisis, justificarse a pesar de todo. ¿Acaso el desprestigio del ingenio inglés, por así decirlo, derivado de la atribución incorregida de tales mediocridades de pensamiento y forma a un personaje público acreditado, no exigía realmente, puestos a pensarlo, un gesto redentor como sería la aparición de una compilación de obras maestras recogidas de una posición semejante? Tener esa compilación entre las manos y quedarse así, sin utilizarla, era un tormento posiblemente superior a sus fuerzas.

Pero había otra cosa que podía hacer, no redentora desde luego, pero quizás en el fondo, visto el estado de cosas, pertinente. Extrajo de su agujero, al cabo de tantos años, el paquete de las epístolas que le dirigiera John Northmore, y, releyéndolas a la luz de su estilo posterior, juzgó que contenían plenamente la promesa de aquella inimitabilidad; sintió cómo reforzarían la impresión y cómo, en la esfera de lo *inédit*, constituían su tesoro supremo. Tuvo, por consiguiente, una semana terrible de ansias de darlas a la publicidad. Compuso mentalmente el prólogo, breve, dulce, irónico, que la presentase impulsada por un escrupuloso sentido del deber hacia una gran reputación y teniendo a la vista los laureles tan recientemente cosechados. Habría dificultades, naturalmente; los documentos eran de su pertenencia, pero la familia, aturdida, asustada, recelosa, se retrataba a su imaginación como un perro con un cogedor atado al rabo y presto a echar a correr en pos de cobijo al primer ruido de lata. Habría que consultarles, era de suponer, o, si no se les consultaba, interpondrían una acción judicial; con todo, de las dos opciones, la de arrostrar el escándalo por el hombre que había rechazado la atrajo, mientras duró el hechizo de aquella visión, todavía más que la de faltar a la delicadeza por el hombre con quien se había casado.

La visión la envolvió, y siguió acariciando la idea —alimentada, cuando volvía a sacar el grueso paquete descolorido, por relecturas cada vez más convencidas. Llegó a recabar opiniones sobre la interferencia posible para la parentela de su antiguo amigo; recabó de hecho, a partir de entonces, muchas opiniones; volvió a salir, retomó viejos hilos, reparó viejas rupturas, volvió a ocupar, como se decía, su puesto en la sociedad. Hacía años que no se dejaba ver tanto como en las semanas que siguieron a la humillación de los Northmore. Visitó en particular a todos y cada uno de los que desechara tras el fracaso de su petición.

Muchas de esas personas figuraban como contribuyentes de lady Northmore, agentes inconscientes del cruel desenmascaramiento; estaba bien claro que habían actuado con toda su buena fe. A Warren, previsor y calculador, se le podía atribuir tanta sutileza, pero a nadie más. Con todos los demás, —porque era verdad, se decía cuando los tenía enfrente, que parecían tontos— se despachó como le vino en gana; lanzando a diestro y siniestro la pregunta de en qué habían estado pensando en los pasados años, ellos o sus progenitores. «¿Dónde tenían la cabeza y qué habían hecho del sentido común cuando quemaron las cartas inapreciables de mi marido para aferrarse como a tablas de salvación a las de lord Northmore? ¡Ya ven qué salvación!» Las débiles explicaciones, la imbecilidad, juzgó, de las razones aducidas, fueron otro tanto bálsamo para su herida. El gran bálsamo, sin embargo, lo dejó para el final: iría a ver a lady Northmore sólo después de agotados todos los demás consuelos. Ese recurso sería tan supremo como el tesoro del grueso paquete. Al cabo, y por feliz casualidad, si es que la casualidad podía ser feliz en aquella casa, fue recibida. Estuvo media hora —había otras personas en la reunión; y al levantarse para marchar se sabía remunerada. Había visto lo que quería, había sondeado hasta el fondo lo que veía; sólo que, inesperadamente, algo la había embargado más absoluto que la dura necesidad a la que había obedecido o la ventaja vengativa que había anhelado. Se había creído capaz de cualquier cosa menos de conmiserar a aquella gente, y sin embargo fue en conmiseración en lo que al cabo de diez minutos sintió disolverse todo lo demás.

Súbitamente, en el acto, se transformaron a sus ojos por la profundidad de su desdicha, y los vio, a los grandes Northmore, como —quién lo hubiera pensado— conscientemente débiles y apagados. No hizo, ni oyó, mención alguna a volúmenes publicados o frustrados; y tanto dejó desvanecerse la pesquisa que llevaba preparada, que cuando, al separarse, besó a su ajada hermana en la viudez, no fue con el beso de Judas.

Había pensado preguntar como de pasada si no podría *ella* también editar; pero la renuncia con que volvió a entrar en su casa se había formado antes de salir del salón. Ya en casa, al principio no hizo otra cosa que llorar —llorar por lo común que es el fracaso y lo extraña que es la vida. Sus lágrimas quizá le aportaran una actitud de filosofía; fuérase lo uno por lo otro. El caso es que cuando se agotaron sacó por última vez el grueso paquete descolorido. Sentada junto a un receptáculo que diariamente se vaciaba para provecho del basurero, una por una destruyó las perlas de la colección donde cada pieza había sido una perla. Hizo pedacitos las cartas de lord Northmore. Ya nunca se sabría, en lo tocante a esa serie, ni que habían sido atesoradas ni que habían sido sacrificadas. Y le satisfizo dejarlo así. Al día siguiente comenzó otra tarea. Sacó las de su marido y acometió el trabajo de transcribirlas. Las copió con devoción, con ternura, y, para el propósito que ahora ya tenía bien formado, no juzgó imperativa casi ninguna omisión. ¡De allí a que se publicaran...! Meneó la cabeza, como quien sabe y como quien se resigna, ante críticas tan remotas.

Cuando tuvo terminada la transcripción la mandó a componer a una imprenta, y después, recibidas y corregidas las pruebas, y con todas las precauciones para mantener el secreto, hizo estampar un único ejemplar y deshacer las planchas delante de su vista. Su penúltima acción —o quizá sea mejor decir su antepenúltima— fue guardar con todo cuidado aquellas hojas, que, según descubrió con agrado, formarían un volumen de trescientas páginas. La siguiente fue adicionar a su documento testamentario una provisión precisa para la publicación, después de su muerte, de ese volumen. La última fue alumbrar la esperanza de que la muerte no tardase en llegar.

www.ingramcontent.com/pod-product-compliance
Lightning Source LLC
Chambersburg PA
CBHW011407070526
44586CB00022B/2595